EDICIONES
karé

ción a cargo de Elena Iribarren
ección de Arte: Irene Savino

era edición 2004

)04 Eugenio Montejo, textos
)04 Arnal Ballester, ilustraciones
04 Ediciones Ekaré

Banco del Libro, Avenida Luis Roche, Altamira Sur,
cas 1062, Venezuela
.ekare.com

Chamario

E
D

Pr

©
©
©

Edi
Car
ww

Tod
ISB
Dep
Imp

En un pequeño pueblo de pescadores llamado Puerto Malo, un pueblo de pocas calles y muchos barcos, vivió a principios del siglo XX un viejo tipógrafo, de aspecto menudo y algo estrafalario, cuyo breve nombre era Blas Coll. Al igual que todas las casas que se encontraban en aquel pueblo, la suya tenía las paredes pintadas de blanco de cal cruda y azul añil. En esa misma casa quedaba también su tipografía. En ella, además de las escasas máquinas de su taller, podían verse algunos estantes con cachivaches y un grabado con la figura de Simón Rodríguez. Había también unos largos mesones llenos de libros y papeles, junto a los cuales se reunían los pocos empleados, así como los amigos y discípulos de Blas Coll, es decir, los famosos *colígrafos*, como después fueron conocidos.

Eduardo Polo, el autor de este libro, fue uno de los *colígrafos* más renombrados. Como casi todos los miembros de ese extraño grupo, era un escritor, un poeta notable, a quien sus amigos apodaban "el mago", debido a los ritmos y maravillosos efectos que lograba en sus poemas. Un buen día se alejó para siempre de Puerto Malo para dedicarse a la música y a la arqueología marina en otro país del Caribe.

Sus amigos referían con pesar que antes de ausentarse destruyó todos sus escritos. Hay quienes aseguran, además, que tal como hizo una vez un antiguo poeta chino, arrojó al agua, desde un bote, los restos de sus cuadernos y recortes, y después afirmó satisfecho: –"ahora todos mis poemas están en el mar..."

De su celebrada obra, sin embargo, no todo se ha perdido, pues afortunadamente pudo salvarse esta colección de rimas para niños a la que puso el título de *Chamario*. Y si se salvó fue porque éste fue uno de los pocos libros que editó el viejo Blas Coll en su tipografía.

Eduardo Polo solía decir que en nuestra lengua, por desgracia, la creación destinada a los menores resulta menos importante que la que podemos leer en otras literaturas. "Todavía no comprendemos que escribir para los niños es algo perfectamente serio", escribió una vez en *La Gaceta de Puerto Malo,* que era el periódico del pueblo. En el mismo artículo aseguraba que cada una de estas rimas las había compuesto como un juguete verbal, tratando de reproducir el placer que encuentran los muchachos al cambiar y trastocar la forma de las palabras para producir nuevas combinaciones en las voces de todos los días.

Del mago de los colígrafos sólo vino a quedar, pues, este pequeño manojo de versos que él compuso como regalo para los hijos de los pescadores de aquella aldea. Se sabe, además, que también les puso música a algunas de sus rimas, pues muchas veces lo escucharon cantarlas acompañándose al piano.

La palabra *Chamario*, que Eduardo Polo usó como título de su libro, deriva de *chamo*, que es la forma como cariñosamente se llama al niño en Venezuela. En la época en que él escribió este libro, esa palabra todavía no figuraba en el *Diccionario de la Real Academia Española.* Felizmente ha sido incorporada hace pocos años. Del libro completo que fue impreso por el viejo Blas Coll, se reproduce aquí un conjunto significativo de sus composiciones.

Polo siempre tuvo fama de afortunado por la suerte que en todas partes lo acompañaba. Tal vez esta buena suerte contribuyó también a que la gente lo llamara mago. Creo que sigue teniendo mucha suerte todavía, y de ello da prueba esta edición ilustrada de su libro que amorosamente ha preparado Elena Iribarren. Durante años, esta amiga de Polo revisó letra a letra y palabra a palabra cada una de sus rimas y dispuso la orquestación general de la obra. No menos cabe decir del riguroso trabajo de Arnal Ballester, viejo amigo del mar y de los *colígrafos*. En nombre del mago de Puerto Malo me complace manifestarles nuestro agradecimiento infinito.

A lo largo de nuestra amada geografía, con una vivacidad tal vez mayor que en otras tierras, conviven varios millones de *chamitos.* Dondequiera que vamos nos salen al paso, como pájaros, con sus ojos despiertos y su natural inquietud ante el porvenir. También nosotros, los adultos de cualquier edad, llevamos de la mano al niño que fuimos, el que nos guarda el tesoro de la infancia, ese prodigio al que siempre tratamos de volver. Todas nuestras infancias, las de ellos y las de nosotros, dialogan frente al espejo del misterio. En la mágica cartilla de sus rimas quiso Eduardo Polo celebrar unas y otras, mediante juegos de lenguaje capaces de proponer a sus jóvenes lectores algunas líneas que los hagan soñar o sonreír. Vaya, pues, a los niños esta nueva edición de su *Chamario,* con el deseo de que alguna de sus páginas consiga hacerles más felices las horas en estos días en que despunta un nuevo milenio.

Eugenio Montejo

El tren

Por la puerta de mi casa
va pasando un tren-tren-tren.
Si se para, yo me monto
y a ti te monto también.

Sus vagones son veloces,
los viajeros no se ven.
Si se para, yo me monto
y a ti te monto también.

Muchos dicen que no existe,
pero están en el andén.
Si se para, yo me monto
y a ti te monto también.

Mi abuelo cuando era niño
viajó mucho en tren-tren-tren,
después se puso viejito
contando del uno al cien.

Si se para, yo me monto
y a ti te monto también.

La Bicicleta

La bici sigue la cleta
por una ave siempre nida
y una trom suena su peta...
¡Qué canción tan perseguida!

El ferro sigue el carril
por el alti casi plano,
como el pere sigue al jil
y el otoño a su verano.

Detrás del hori va el zonte,
detrás del ele va el fante,
corren juntos por el monte
y a veces más adelante.

Allá se va el corazón
en aero plano plano
y con él va la canción
escrita en caste muy llano.

Cuando Yo Sea

Cuando yo sea grillo
cantando a la luna,
si oyes mi organillo,
dame una aceituna.

Cuando hormiga sea
cargando un gran peso,
que al menos te vea
a la luz de un beso.

Cuando sea ciempiés
con mis cien botines,
deja que una vez
cruce tus jardines.

Cuando no sea nada
sino sombra y humo,
guárdame en tu almohada
que yo la perfumo.

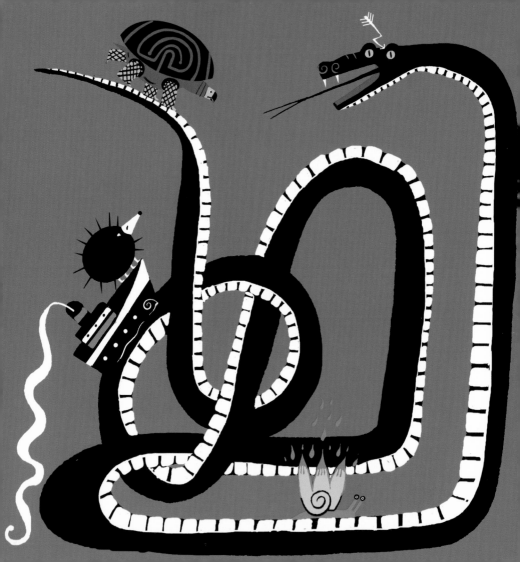

Variación

Cuando la tortuga arruga
su caparazón,
tiene que comer lechuga
con melocotón.

Cuando la serpiente siente
dolor en la sien,
tiene que comer caliente
hinojo y llantén.

Cuando el caracol al sol
se quema la piel,
debe comer coliflor
y hoja de laurel.

Cuando el puercoespín al fin
sufre mal de mar,
debe comer perejil,
rosa y malabar.

Los Loros

Dos loros cantando en coro
que estaban en un maizal,
con plumaje verde y oro
y pintas de loro real,
llamaron a un compañoro
para agrandar la coral.
Uno tocaba tamboro,
otro tocaba timbal,
y el tercero o el terzoro
un pianito musical.
Sudando por cada poro
cantaron hasta el final
y cuando se despidioron
volaron a Portugal.

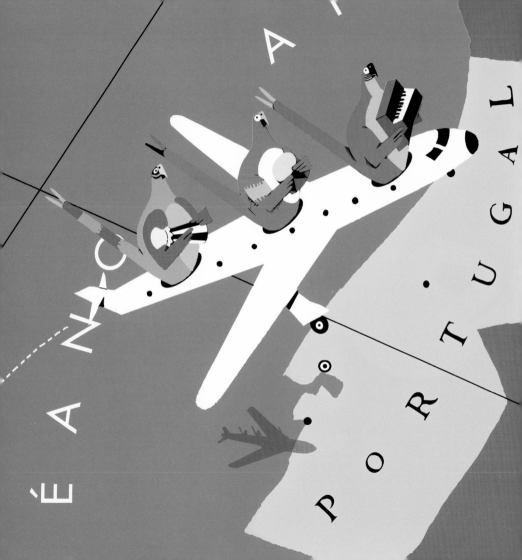

El Hipopótamo

El hipopó tamo-tamo
y el elefán fan-fan
dentro de un mismo pantano
bailando juntos están.

Bajo la lluvia su danza
es un ballet de mil quilos;
cada cual mueve la panza
con los mejores estilos.

La danza de los obesos
tiene una gracia sutil;
la melodía es melodil
y las tristezas, tristezos.

Bailan música de sapo
con sones de ronco brillo,
el fan-fan que es trapo-trapo
y el hipopó tamo-tillo.

Después un coco muy drilo
—un drilo coco, al revés—
sale del fondo tranquilo
y les pellizca los pies.

Aquí la fiesta termina
y se acaba la función;
hipo y fan de esquina a esquina
despiden la reunión.

Al Revés

Me aturdo, me aturdo
con el niño zurdo.

Inclina su pecho
juntando los pies
y lo que es derecho
lo escribe al revés.

Me aturdo, me aturdo
con el niño zurdo.

Su luna es anul,
su sol es un los,
es luza el azul
y soida el adiós.

Me aturdo, me aturdo
con el niño zurdo.

Oír es un río
y Roma un amor.
¡Qué gran desvarío,
que consternación!

Me aturdo, me aturdo
con el niño zurdo.

El árbol es lobra,
la selva es avlés,
y toda su obra
la escribe al revés.

El Rinoceronte

El rino será ceronte
si lleva el cuerno delante
cuando cruza el horizonte
y la cola por detrás.
Tal es el rinoceronte.

Otra especie semejante,
aunque ninguno la monte,
luce la cola delante
con el cuerno en el final.
Se llama rinocerante.

Y aunque es menos elegante,
nadie lo puede cazar,
porque al hallarlo en el monte
no existe quien no se espante
de tan extraño animal.

Ana la Rana

Cuando Ana la rana
llegó a la cuidad
supo que ya nadie
usaba la A.
Quiso pedir agua,
quiso pedir pan,
pero no podía
sin esa vocal.
Nadie comprendía
su latín vulgar,
lengua de pantano,
ronca y gutural.

Pero Ana la rana
era sabia y tal;
dejó las palabras
para los demás.

Se buscó una hoja
y un lápiz labial
y habló con dibujos
sin tener que hablar.

Dibujó una fuente
y un trozo de pan;
pintó la esperanza,
pintó la amistad;
todos la entendían,
le daban de más...
Y después, al irse,
muy sentimental,
dibujó una mano
casi natural,
moviéndose lejos...
Y un punto final.

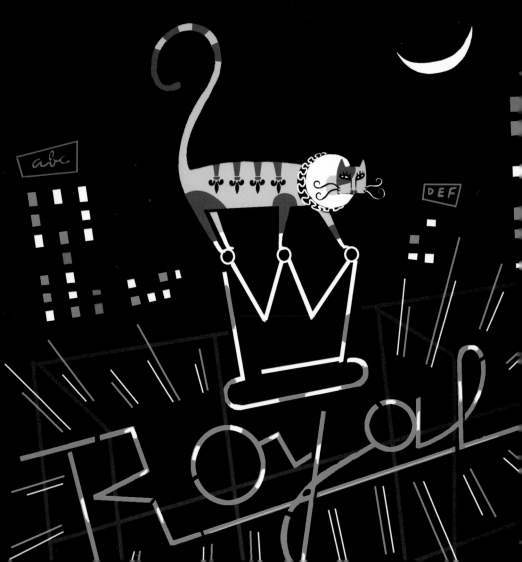

Don Gatuque

En el piso veintiduque
de un altísimo edifacio
Don Gato, que allí era duque,
disfrutaba su palacio.

Convidados a su mesa
pasaban amables ratos,
Doña Gata, la duquesa,
y otros muy ilustres gatos.

Un legislador angora,
un diputado barcino,
un siamés con su señora
y un persa con su sobrino.

Todos de alta diplomacia
y modales de misterio,
formaban la gatocracia
más fina del vecinderio.

Charlaban con mucha ciencia
y pronunciación muy rica,
los unos de decadencia,
los otros de politica.

Así pasaban sus horas
los más nobles de esta villa,
los señores y señoras
del Gatuque y su pandilla.

Y después, muy educados,
al fin de sus reuniones,
se iban para los tejados
a perseguir los ratones.

La Trampa

Una tic manzana
con un tac membrillo
muy tic de mañana
vieron tac a un grillo
que en su tic ventana
daba tac solillo
la función tic vana
de un tac tenorillo.

Con tic su organillo
y mucha tac gana
cantó tic el grillo
de voz tac enana
un aria tic plana
y tac su estribillo.

¡Horror!, tic hermana
—gruñó tac membrillo—.
¡Qué voz tic insana
la de este tac pillo!

(Pero la ventana
que les abrió el grillo
con trampa inhumana
se cerró a martillo.
Quedaron tapiados
cual dos condenados,
sin luz en el fondo
de un viejo y redondo
reloj de bolsillo...)

Semana a semana
de tarde y mañana
aquel sonidillo
para tic manzana,
para tac membrillo...

Tonteria

Un niño tonto y retonto
sobre un gran árbol se monto.

Con su pelo largo y rubio
hasta la copa se subio.

Se creyó un pájaro solo
que iba a volar y no volo.

De la altura, en un desmayo,
el pobre niño se cayo.

La madre sufrió un martirio,
cuando vio que su hijo se hirio.

La casa era un manicomio
porque aquel niño no comio.

Y aunque frunció el entrecejo,
el pobre nunca se quejo.

A pesar de que era recio,
el rostro se le entristecio.

Con un poco de yoduro
una enfermera lo curo.

Y después de un mes temprano
su cuerpo al final se sano.

Creció feliz y muy gordo
y nunca más lo recordo.

El Gavilán

Un gavilán en el Ávila,
recién llegado de Mérida,
miraba por sus prismáticos
desde la montaña céntrica.
A sus pies estaba Cáracas,
poblada de torres técnicas,
siempre llena de automóviles
que cruzaban sus carréteras.
Después con un vuelo plácido,
batió sus alas simétricas
y recorrió la metrópolis
sin un momento de pérdida.
Extasiado como un místico
contempló la ciudad éntera;
vio ricos comiendo mánzanas
y pobres comiendo cébollas;
gente de risa simpática,
blanca, negra, bella y méstiza.
Al final, en helicóptero,
remontó la cumbre enérgica
y fue a ver el mar de Mácuto,
el más bello mar de América.

El Jinete Gago

De los montes viene
el jinete gago,
que funde y confunde
todos los vocablos.
Al cinto de la esdapa,
sobre su callabo,
pasa por el pueblo
siempre soliratio.
Cuando se detiene
lejos en el campo
toca su guirrata
de sones extraños.
A veces de noche
sin mucho trajabo
bajo las estrellas
vuela papayagos.
Cerca de mi puerta
pasa cabaldango
y en mí reconoce
su mejor hernamo.
Al final se aleja,
entre los guirrajos,
hacia el horizonte
siempre soliratio.

EL Mono

Paseando en biciqueleta
en el mes de feberero,
un mono peretencioso
tuvo un serio toropiezo.

Andaba distaraído
con un ancho somberero,
tan garande que a sus ojos
los tapaba compeletos.

No vio un hoyo en el cespede
de más o menos diez métoros,
en el cual tarabajaban
dos docenas de obereros.

Allí el mono ciquilista
se cayó muy aderento,
faracturándose un codo,
el caráneo y varios huesos.

Al oírse sus guiritos
llegó un doctor pirimero,
después vino un caradiólogo
y el hospital en peleno.

Ataron su calavícula
con un vendaje esterecho,
le aperetaron las manos
en un nudo teremendo
y lo llevaron poronto
a operarlo del ceréboro.

El Alacrán

Un alacrán al piano
tocaba una sonata
con una sola mano,
con una sola pata.

Llevaba un frac liviano
con hebilla de plata,
como el mejor decano
de chaleco y corbata.

En todo su concierto
brilló la maestría
de aquel músico experto.
Pero nadie veía
que en sus acordes cierto
veneno difundía.
Y el público aplaudía
hasta caerse muerto.

Al final cerró el piano,
inclinando la nuca
con su larga peluca,
y se fue el alacrano.

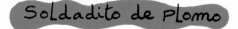
Soldadito de Plomo

Recostado sobre el lomo
de un diccionario sajón,
un soldadito de plomo
miraba televisión.

Descansaba por un rato
de alguna guerra infantil,
lejos de todo maltrato
y a solas con su fusil.

Y tal vez por la fatiga,
por el programa tal vez,
sintió sueño en la barriga,
en los ojos y en los pies.

Mas cuando estuvo dormido
el fusil se le cayó,
sin percatarse del ruido
de la bala que salió.

La bala pegó en un guante
y dobló hacia un ventanal
y después siguió adelante,
ya veremos el final.

El final es bien extraño
pues cruzó el televisor
y dejó, para más daño,
malherido al locutor.

Todo pasó en un segundo
o nunca pasó jamás;
quien tiene un sueño profundo
puede soñar esto y más.

Tal es el cuento que tomo
de un libro sin colofón
que un soldadito de plomo
escribió en mi corazón.

La Paloma

La paloma loma vuela
con destino tino al mar;
veleros leros la buscan
por verla verla pasar.
No descansa cansa en viaje
soñando ñando llegar.
Un palomo lomo espera
de copete pete albar,
con chaleco leco fino,
vestido tido de frac.
Cubierto bierto de joyas
en la iglesia glesia está,
contando tando las horas
para para se casar.

La paloma loma llega,
ya se agita gita el mar;
las campanas panas altas
repican pican demás;
la espuma puma levanta
pañuelos ñuelos de sal.
Pico y pico al fin se besan,
anillos nillos se dan
y después pues van volando
felices lices y en paz.

Canción

La mi madre canta
para me dormir
y en la su garganta
oigo una perdiz.

El mi hermano juega
siempre a me vender
de la su bodega
queso, pan y miel.

El mi perro ladra
para me seguir
por la nuestra cuadra
de principio a fin.

Allá en la mi escuela
dibujo en color
un barco de vela
con el mi creyón.

Termino el mi cuento
por me despedir.
Ya cantando siento
la mi madre al viento
para me dormir.
Y en su canto lento
oigo una perdiz.

El Horizonte

El horizonte en mi cuaderno
es una larga raya
en donde el sol pasa el invierno
sobre la playa.

Y el sol apenas es un disco
rojo o marrón, no importa,
como la huella de un mordisco
en una torta.

Si hay un navío allá a lo lejos,
si vuela un alcatraz,
trazo en dos líneas sus reflejos,
¿para qué más?

Al dibujar una palmera
voy siempre poco a poco:
pongo mis verdes dondequiera
y arriba un coco.

Lo más difícil es mi cara,
aunque copie el espejo:
siempre resulta larga y rara,
parezco un viejo.

Y al fin de todo, no lo olvido,
pinto una casa al centro.
Firmo el dibujo, me despido,
y en ella entro.